50 Platos Reconfortantes: Recetas de Sopas y Guisos

Por: Kelly Johnson

Table of Contents

- Sopa de pollo con fideos
- Guiso de carne con verduras
- Sopa de lentejas
- Guiso de pollo con papas
- Sopa de tomate casera
- Guiso de cerdo con zanahorias
- Sopa de calabaza
- Guiso de res con champiñones
- Sopa minestrone
- Guiso de garbanzos y espinacas
- Sopa de verduras mixtas
- Guiso de pescado con tomate
- Sopa de papa y puerro
- Guiso de pollo al curry
- Sopa de frijoles negros
- Guiso de ternera con cebolla
- Sopa de champiñones cremosa

- Guiso de cordero con hierbas
- Sopa de calabacín
- Guiso de cerdo con salsa barbacoa
- Sopa de maíz con jalapeños
- Guiso de lentejas con chorizo
- Sopa de mariscos
- Guiso de pollo con arroz
- Sopa de cebolla gratinada
- Guiso de ternera con vino tinto
- Sopa de fideos con verduras
- Guiso de alubias blancas
- Sopa de zanahoria y jengibre
- Guiso de cerdo con manzana
- Sopa de col y patata
- Guiso de garbanzos con chorizo
- Sopa de pollo y maíz
- Guiso de res con papas
- Sopa de tomate y albahaca
- Guiso de pollo con champiñones

- Sopa de alubias rojas
- Guiso de cordero con patatas
- Sopa de verduras con quinoa
- Guiso de pescado con patata
- Sopa de calabaza y coco
- Guiso de pollo con calabacín
- Sopa de pollo con arroz integral
- Guiso de lentejas y espinacas
- Sopa de garbanzos con verduras
- Guiso de ternera con zanahorias
- Sopa de pollo con maíz dulce
- Guiso de cerdo con verduras
- Sopa de champiñones y cebada
- Guiso de alubias negras

Sopa de pollo con fideos

Ingredientes:

- 1 pechuga de pollo cocida y desmenuzada
- 1 litro de caldo de pollo
- 1 zanahoria picada
- 1 tallo de apio picado
- 1 taza de fideos (tipo cabello de ángel o fideos finos)
- Sal, pimienta y perejil al gusto

Instrucciones:

1. Hierve el caldo con zanahoria y apio hasta que estén tiernos.
2. Añade el pollo desmenuzado y los fideos. Cocina hasta que los fideos estén suaves.
3. Salpimienta y decora con perejil.

Guiso de carne con verduras

Ingredientes:

- 500 g de carne de res en cubos
- 2 papas peladas y cortadas
- 2 zanahorias en rodajas
- 1 cebolla picada
- 2 tomates picados
- 2 dientes de ajo picados
- Sal, pimienta, laurel y caldo de carne

Instrucciones:

1. Dora la carne con ajo y cebolla.
2. Agrega verduras, tomates y caldo hasta cubrir.
3. Cocina a fuego lento 1 hora o hasta que la carne esté tierna.
4. Salpimienta y sirve caliente.

Sopa de lentejas

Ingredientes:

- 1 taza de lentejas
- 1 zanahoria picada
- 1 cebolla picada
- 2 dientes de ajo picados
- 1 tomate picado
- 1 litro de caldo de verduras
- Sal, pimienta y comino al gusto

Instrucciones:

1. Sofríe ajo, cebolla y tomate.
2. Añade lentejas, zanahoria y caldo.
3. Cocina hasta que las lentejas estén suaves (aprox. 40 minutos).
4. Salpimienta y sirve.

Guiso de pollo con papas

Ingredientes:

- 4 piezas de pollo
- 3 papas en cubos
- 1 cebolla picada
- 2 dientes de ajo
- 1 tomate picado
- Sal, pimienta, orégano y caldo de pollo

Instrucciones:

1. Dora el pollo con ajo y cebolla.
2. Añade tomate, papas y caldo hasta cubrir.
3. Cocina a fuego lento 40 minutos o hasta que las papas estén tiernas.
4. Salpimienta y sirve.

Sopa de tomate casera

Ingredientes:

- 6 tomates maduros
- 1 cebolla
- 2 dientes de ajo
- 1 cucharada de aceite de oliva
- Sal, pimienta y albahaca fresca

Instrucciones:

1. Asa los tomates, cebolla y ajo en horno o sartén.
2. Licúa todo con un poco de agua o caldo.
3. Calienta y ajusta sabor con sal, pimienta y albahaca.
4. Sirve caliente.

Guiso de cerdo con zanahorias

Ingredientes:

- 500 g de carne de cerdo en cubos
- 3 zanahorias en rodajas
- 1 cebolla picada
- 2 dientes de ajo
- 1 taza de caldo de pollo o verduras
- Sal, pimienta y tomillo

Instrucciones:

1. Dora la carne con ajo y cebolla.
2. Añade zanahorias y caldo.
3. Cocina a fuego lento 1 hora o hasta que la carne esté tierna.
4. Salpimienta y sirve.

Sopa de calabaza

Ingredientes:

- 500 g de calabaza pelada y picada
- 1 cebolla
- 2 dientes de ajo
- 1 litro de caldo de verduras
- Sal, pimienta y crema para decorar

Instrucciones:

1. Sofríe cebolla y ajo.
2. Añade calabaza y caldo. Cocina hasta que la calabaza esté tierna.
3. Licúa y ajusta sabor.
4. Sirve con un chorrito de crema.

Guiso de res con champiñones

Ingredientes:

- 500 g de carne de res en cubos
- 200 g de champiñones rebanados
- 1 cebolla
- 2 dientes de ajo
- 1 taza de caldo de carne
- Sal, pimienta y perejil

Instrucciones:

1. Dora la carne con ajo y cebolla.
2. Añade champiñones y caldo.
3. Cocina a fuego lento 1 hora o hasta que la carne esté suave.
4. Salpimienta y decora con perejil.

Sopa minestrone

Ingredientes:

- 1 zanahoria picada
- 1 tallo de apio picado
- 1 cebolla picada
- 2 tomates picados
- 1 taza de alubias o frijoles blancos cocidos
- 1 taza de pasta pequeña (tipo codito)
- Caldo de verduras
- Sal, pimienta y albahaca

Instrucciones:

1. Sofríe cebolla, zanahoria y apio.
2. Añade tomates, frijoles y caldo.
3. Cocina hasta que las verduras estén tiernas.
4. Incorpora la pasta y cocina hasta que esté al dente.
5. Salpimienta y sirve.

Guiso de garbanzos y espinacas

Ingredientes:

- 1 taza de garbanzos cocidos
- 200 g de espinacas frescas
- 1 cebolla picada
- 2 dientes de ajo picados
- 2 tomates picados
- 1 cucharadita de pimentón dulce
- Caldo de verduras
- Sal y pimienta al gusto

Instrucciones:

1. Sofríe ajo y cebolla hasta que estén transparentes.
2. Añade tomates y pimentón, cocina unos minutos.
3. Agrega garbanzos y caldo, deja hervir.
4. Incorpora las espinacas y cocina 5 minutos más.
5. Salpimienta y sirve.

Sopa de verduras mixtas

Ingredientes:

- 1 zanahoria
- 1 papa
- 1 calabacín
- 1 taza de judías verdes
- 1 cebolla
- 2 dientes de ajo
- 1 litro de caldo de verduras
- Sal, pimienta y perejil

Instrucciones:

1. Pica todas las verduras en cubos pequeños.
2. Sofríe ajo y cebolla, agrega verduras y caldo.
3. Cocina hasta que estén tiernas.
4. Salpimienta y decora con perejil.

Guiso de pescado con tomate

Ingredientes:

- 500 g de filetes de pescado blanco
- 2 tomates maduros picados
- 1 cebolla picada
- 2 dientes de ajo
- 1 pimiento rojo picado
- Caldo de pescado o verduras
- Sal, pimienta y cilantro

Instrucciones:

1. Sofríe ajo, cebolla y pimiento.
2. Añade tomates y cocina hasta formar una salsa.
3. Incorpora el pescado y el caldo, cocina 15 minutos a fuego medio.
4. Salpimienta y decora con cilantro.

Sopa de papa y puerro

Ingredientes:

- 3 papas medianas peladas y cortadas
- 1 puerro picado (solo la parte blanca)
- 1 cebolla picada
- 1 litro de caldo de verduras
- Sal, pimienta y crema (opcional)

Instrucciones:

1. Sofríe cebolla y puerro.
2. Añade papas y caldo, cocina hasta que las papas estén tiernas.
3. Licúa hasta obtener textura cremosa.
4. Salpimienta y sirve con crema si deseas.

Guiso de pollo al curry

Ingredientes:

- 4 piezas de pollo
- 1 cebolla picada
- 2 dientes de ajo
- 1 cucharada de curry en polvo
- 1 taza de leche de coco
- 1 tomate picado
- Sal y pimienta

Instrucciones:

1. Dora el pollo con ajo y cebolla.
2. Añade curry y tomate, mezcla bien.
3. Incorpora leche de coco y cocina a fuego lento 30 minutos.
4. Salpimienta y sirve con arroz.

Sopa de frijoles negros

Ingredientes:

- 1 taza de frijoles negros cocidos
- 1 cebolla picada
- 2 dientes de ajo
- 1 pimiento verde picado
- 1 litro de caldo de verduras
- Sal, pimienta y comino

Instrucciones:

1. Sofríe ajo, cebolla y pimiento.
2. Añade frijoles y caldo, cocina 20 minutos.
3. Licúa parte de la sopa para espesar (opcional).
4. Salpimienta y sirve.

Guiso de ternera con cebolla

Ingredientes:

- 500 g de ternera en cubos
- 2 cebollas grandes en rodajas
- 2 dientes de ajo
- 1 taza de caldo de carne
- Sal, pimienta y tomillo

Instrucciones:

1. Dora la ternera con ajo y cebolla.
2. Añade caldo y tomillo, cocina a fuego lento 1 hora.
3. Salpimienta y sirve caliente.

Sopa de champiñones cremosa

Ingredientes:

- 300 g de champiñones frescos
- 1 cebolla picada
- 2 dientes de ajo
- 1 litro de caldo de verduras
- 200 ml de crema para cocinar
- Sal y pimienta

Instrucciones:

1. Sofríe ajo, cebolla y champiñones.
2. Añade caldo y cocina 20 minutos.
3. Licúa y mezcla con crema.
4. Salpimienta y sirve caliente.

Guiso de cordero con hierbas

Ingredientes:

- 500 g de carne de cordero en cubos
- 1 cebolla picada
- 2 dientes de ajo
- 1 taza de caldo de carne
- Hierbas frescas (romero, tomillo, orégano)
- Sal y pimienta

Instrucciones:

1. Dora la carne con ajo y cebolla.
2. Añade las hierbas y el caldo.
3. Cocina a fuego lento 1 hora o hasta que esté tierno.
4. Salpimienta y sirve.

Sopa de calabacín

Ingredientes:

- 3 calabacines medianos
- 1 cebolla picada
- 2 dientes de ajo
- 1 litro de caldo de verduras
- Sal, pimienta y crema (opcional)

Instrucciones:

1. Sofríe ajo y cebolla.
2. Añade calabacines y caldo, cocina hasta que estén tiernos.
3. Licúa hasta obtener una crema.
4. Salpimienta y sirve con crema si deseas.

Guiso de cerdo con salsa barbacoa

Ingredientes:

- 500 g de carne de cerdo en cubos
- 1 cebolla picada
- 1 taza de salsa barbacoa
- 1 pimiento rojo picado
- Sal y pimienta

Instrucciones:

1. Dora la carne con cebolla.
2. Añade salsa BBQ y pimiento.
3. Cocina a fuego lento 45 minutos o hasta que la carne esté tierna.
4. Salpimienta y sirve.

Sopa de maíz con jalapeños

Ingredientes:

- 2 mazorcas de maíz o 2 tazas de granos de maíz
- 1 jalapeño picado (ajusta según gusto)
- 1 cebolla picada
- 2 dientes de ajo
- 1 litro de caldo de verduras
- Sal y pimienta

Instrucciones:

1. Sofríe ajo, cebolla y jalapeño.
2. Añade el maíz y caldo, cocina 20 minutos.
3. Licúa parte o toda la sopa para textura deseada.
4. Salpimienta y sirve.

Guiso de lentejas con chorizo

Ingredientes:

- 1 taza de lentejas
- 150 g de chorizo en rodajas
- 1 cebolla picada
- 2 dientes de ajo
- 1 tomate picado
- Caldo de verduras
- Sal, pimienta y comino

Instrucciones:

1. Sofríe ajo, cebolla y chorizo.
2. Añade tomate, lentejas y caldo.
3. Cocina hasta que las lentejas estén tiernas (40 minutos aprox).
4. Salpimienta y sirve.

Sopa de mariscos

Ingredientes:

- 300 g de mezcla de mariscos (camarones, mejillones, calamares)
- 1 cebolla picada
- 2 dientes de ajo
- 2 tomates picados
- 1 litro de caldo de pescado
- Sal, pimienta, perejil y limón

Instrucciones:

1. Sofríe ajo y cebolla.
2. Añade tomates y caldo, lleva a hervor.
3. Incorpora mariscos y cocina 10 minutos.
4. Salpimienta, decora con perejil y unas gotas de limón.

Guiso de pollo con arroz

Ingredientes:

- 4 piezas de pollo
- 1 taza de arroz
- 1 cebolla picada
- 2 dientes de ajo
- 1 tomate picado
- 1 pimiento picado
- Caldo de pollo
- Sal, pimienta y especias al gusto

Instrucciones:

1. Dora el pollo con ajo y cebolla.
2. Añade tomate, pimiento y arroz.
3. Agrega caldo suficiente para cocinar el arroz.
4. Cocina a fuego lento hasta que el arroz esté listo.
5. Salpimienta y sirve.

Sopa de cebolla gratinada

Ingredientes:

- 4 cebollas grandes en juliana
- 2 dientes de ajo
- 1 litro de caldo de carne
- Sal y pimienta
- Queso rallado (gruyere o manchego)
- Pan en rebanadas

Instrucciones:

1. Cocina cebolla y ajo a fuego lento hasta caramelizar.
2. Añade caldo y cocina 20 minutos.
3. Sirve la sopa en tazones resistentes, agrega pan y queso encima.
4. Gratina en horno hasta que el queso se derrita y dore.

Guiso de ternera con vino tinto

Ingredientes:

- 500 g de ternera en cubos
- 1 cebolla picada
- 2 dientes de ajo
- 1 taza de vino tinto
- 1 taza de caldo de carne
- Sal, pimienta y laurel

Instrucciones:

1. Dora la ternera con ajo y cebolla.
2. Añade vino, caldo y laurel.
3. Cocina a fuego lento 1–2 horas hasta que la carne esté tierna.
4. Salpimienta y sirve.

Sopa de fideos con verduras

Ingredientes:

- 100 g de fideos
- 1 zanahoria picada
- 1 calabacín picado
- 1 cebolla picada
- 2 dientes de ajo
- 1 litro de caldo de verduras
- Sal, pimienta y perejil

Instrucciones:

1. Sofríe ajo y cebolla hasta transparentar.
2. Añade zanahoria, calabacín y caldo, cocina 10 minutos.
3. Incorpora los fideos y cocina hasta que estén suaves.
4. Salpimienta, agrega perejil y sirve.

Guiso de alubias blancas

Ingredientes:

- 1 taza de alubias blancas cocidas
- 1 cebolla picada
- 2 dientes de ajo
- 1 tomate picado
- 1 hoja de laurel
- Caldo de verduras
- Sal, pimienta y pimentón

Instrucciones:

1. Sofríe ajo y cebolla.
2. Añade tomate, alubias, laurel y caldo.
3. Cocina 30 minutos a fuego medio.
4. Salpimienta y sirve.

Sopa de zanahoria y jengibre

Ingredientes:

- 4 zanahorias picadas
- 1 cebolla picada
- 1 trozo de jengibre fresco rallado (unos 2 cm)
- 1 litro de caldo de verduras
- Sal y pimienta

Instrucciones:

1. Sofríe cebolla y jengibre.
2. Añade zanahorias y caldo, cocina hasta que estén tiernas.
3. Licúa hasta obtener una crema.
4. Salpimienta y sirve.

Guiso de cerdo con manzana

Ingredientes:

- 500 g de carne de cerdo en cubos
- 2 manzanas verdes peladas y picadas
- 1 cebolla picada
- 1 taza de caldo de carne
- Sal, pimienta y canela (opcional)

Instrucciones:

1. Dora la carne con cebolla.
2. Añade manzana y caldo.
3. Cocina a fuego lento 45 minutos.
4. Salpimienta y agrega canela si quieres un toque especial.

Sopa de col y patata

Ingredientes:

- 1/2 col picada
- 3 papas peladas y cortadas
- 1 cebolla picada
- 2 dientes de ajo
- 1 litro de caldo de verduras
- Sal y pimienta

Instrucciones:

1. Sofríe ajo y cebolla.
2. Añade col, papas y caldo, cocina hasta que estén tiernas.
3. Salpimienta y sirve.

Guiso de garbanzos con chorizo

Ingredientes:

- 1 taza de garbanzos cocidos
- 150 g de chorizo en rodajas
- 1 cebolla picada
- 2 dientes de ajo
- 1 tomate picado
- Caldo de verduras
- Sal, pimienta y pimentón

Instrucciones:

1. Sofríe ajo, cebolla y chorizo.
2. Añade tomate, garbanzos y caldo.
3. Cocina 30 minutos.
4. Salpimienta y sirve.

Sopa de pollo y maíz

Ingredientes:

- 2 pechugas de pollo desmenuzadas
- 1 taza de granos de maíz
- 1 cebolla picada
- 2 dientes de ajo
- 1 litro de caldo de pollo
- Sal, pimienta y cilantro

Instrucciones:

1. Sofríe ajo y cebolla.
2. Añade caldo, pollo y maíz.
3. Cocina 20 minutos.
4. Salpimienta y decora con cilantro.

Guiso de res con papas

Ingredientes:

- 500 g de carne de res en cubos
- 3 papas peladas y cortadas
- 1 cebolla picada
- 2 dientes de ajo
- Caldo de carne
- Sal, pimienta y tomillo

Instrucciones:

1. Dora la carne con ajo y cebolla.
2. Añade papas, caldo y tomillo.
3. Cocina a fuego lento 1 hora.
4. Salpimienta y sirve.

Sopa de tomate y albahaca

Ingredientes:

- 4 tomates maduros
- 1 cebolla picada
- 2 dientes de ajo
- 1 litro de caldo de verduras
- Albahaca fresca
- Sal y pimienta

Instrucciones:

1. Sofríe ajo y cebolla.
2. Añade tomates y caldo, cocina 20 minutos.
3. Licúa hasta obtener una sopa cremosa.
4. Salpimienta y decora con albahaca.

Guiso de pollo con champiñones

Ingredientes:

- 500 g de pollo en trozos
- 200 g de champiñones laminados
- 1 cebolla picada
- 2 dientes de ajo
- 1 taza de caldo de pollo
- Sal, pimienta y perejil

Instrucciones:

1. Dora el pollo con ajo y cebolla.
2. Añade los champiñones y el caldo.
3. Cocina a fuego medio 30 minutos.
4. Salpimienta y espolvorea perejil antes de servir.

Sopa de alubias rojas

Ingredientes:

- 1 taza de alubias rojas cocidas
- 1 cebolla picada
- 2 dientes de ajo
- 1 tomate picado
- Caldo de verduras
- Sal, pimienta y comino

Instrucciones:

1. Sofríe ajo y cebolla.
2. Agrega tomate, alubias y caldo.
3. Cocina 30 minutos a fuego medio.
4. Salpimienta y sirve.

Guiso de cordero con patatas

Ingredientes:

- 500 g de cordero en cubos
- 3 papas peladas y cortadas
- 1 cebolla picada
- 2 dientes de ajo
- 1 taza de caldo de carne
- Sal, pimienta y romero

Instrucciones:

1. Dora el cordero con ajo y cebolla.
2. Añade papas, caldo y romero.
3. Cocina 1 hora a fuego lento hasta que esté tierno.
4. Salpimienta y sirve.

Sopa de verduras con quinoa

Ingredientes:

- 1/2 taza de quinoa
- 1 zanahoria picada
- 1 calabacín picado
- 1 cebolla picada
- 2 dientes de ajo
- 1 litro de caldo de verduras
- Sal, pimienta y cilantro

Instrucciones:

1. Sofríe ajo y cebolla.
2. Añade verduras, quinoa y caldo.
3. Cocina 25 minutos hasta que la quinoa esté cocida.
4. Salpimienta y decora con cilantro.

Guiso de pescado con patata

Ingredientes:

- 400 g de pescado blanco en trozos
- 3 papas peladas y cortadas
- 1 cebolla picada
- 2 dientes de ajo
- 1 taza de caldo de pescado
- Sal, pimienta y perejil

Instrucciones:

1. Sofríe ajo y cebolla.
2. Añade papas y caldo, cocina 15 minutos.
3. Incorpora el pescado y cocina 10 minutos más.
4. Salpimienta y decora con perejil.

Sopa de calabaza y coco

Ingredientes:

- 500 g de calabaza pelada y cortada
- 1 cebolla picada
- 1 taza de leche de coco
- 1 litro de caldo de verduras
- Sal, pimienta y jengibre

Instrucciones:

1. Sofríe cebolla y jengibre.
2. Añade calabaza y caldo, cocina hasta que esté tierna.
3. Licúa y añade leche de coco.
4. Salpimienta y sirve.

Guiso de pollo con calabacín

Ingredientes:

- 500 g de pollo en trozos
- 2 calabacines picados
- 1 cebolla picada
- 2 dientes de ajo
- 1 taza de caldo de pollo
- Sal, pimienta y tomillo

Instrucciones:

1. Dora el pollo con ajo y cebolla.
2. Añade calabacín, caldo y tomillo.
3. Cocina 30 minutos a fuego lento.
4. Salpimienta y sirve.

Sopa de pollo con arroz integral

Ingredientes:

- 2 pechugas de pollo desmenuzadas
- 1/2 taza de arroz integral
- 1 cebolla picada
- 2 dientes de ajo
- 1 litro de caldo de pollo
- Sal, pimienta y perejil

Instrucciones:

1. Sofríe ajo y cebolla.
2. Añade caldo, pollo y arroz.
3. Cocina hasta que el arroz esté tierno (aprox. 40 minutos).
4. Salpimienta y decora con perejil.

Guiso de lentejas y espinacas

Ingredientes:

- 1 taza de lentejas
- 2 tazas de espinacas frescas
- 1 cebolla picada
- 2 dientes de ajo
- 1 tomate picado
- Caldo de verduras
- Sal, pimienta y comino

Instrucciones:

1. Sofríe ajo y cebolla.
2. Añade tomate, lentejas y caldo.
3. Cocina 40 minutos hasta que las lentejas estén tiernas.
4. Incorpora las espinacas, cocina 5 minutos más.
5. Salpimienta y sirve.

Sopa de garbanzos con verduras

Ingredientes:

- 1 taza de garbanzos cocidos
- 1 zanahoria picada
- 1 calabacín picado
- 1 cebolla picada
- 2 dientes de ajo
- 1 litro de caldo de verduras
- Sal, pimienta y perejil

Instrucciones:

1. Sofríe ajo y cebolla hasta dorar.
2. Añade zanahoria, calabacín, garbanzos y caldo.
3. Cocina 30 minutos a fuego medio.
4. Salpimienta y decora con perejil.

Guiso de ternera con zanahorias

Ingredientes:

- 500 g de ternera en cubos
- 3 zanahorias peladas y cortadas
- 1 cebolla picada
- 2 dientes de ajo
- 1 taza de caldo de carne
- Sal, pimienta y tomillo

Instrucciones:

1. Dora la ternera con ajo y cebolla.
2. Añade zanahorias, caldo y tomillo.
3. Cocina a fuego lento 1 hora.
4. Salpimienta y sirve.

Sopa de pollo con maíz dulce

Ingredientes:

- 2 pechugas de pollo desmenuzadas
- 1 taza de maíz dulce
- 1 cebolla picada
- 2 dientes de ajo
- 1 litro de caldo de pollo
- Sal, pimienta y cilantro

Instrucciones:

1. Sofríe ajo y cebolla.
2. Añade caldo, pollo y maíz.
3. Cocina 20 minutos.
4. Salpimienta y decora con cilantro.

Guiso de cerdo con verduras

Ingredientes:

- 500 g de cerdo en cubos
- 1 zanahoria picada
- 1 calabacín picado
- 1 cebolla picada
- 2 dientes de ajo
- 1 taza de caldo de carne
- Sal, pimienta y laurel

Instrucciones:

1. Dora el cerdo con ajo y cebolla.
2. Añade verduras, caldo y laurel.
3. Cocina 45 minutos a fuego medio.
4. Salpimienta y sirve.

Sopa de champiñones y cebada

Ingredientes:

- 200 g de champiñones laminados
- 1/2 taza de cebada
- 1 cebolla picada
- 2 dientes de ajo
- 1 litro de caldo de verduras
- Sal, pimienta y tomillo

Instrucciones:

1. Sofríe ajo y cebolla.
2. Añade champiñones, cebada y caldo.
3. Cocina 40 minutos hasta que la cebada esté tierna.
4. Salpimienta y sirve.

Guiso de alubias negras

Ingredientes:

- 1 taza de alubias negras cocidas
- 1 cebolla picada
- 2 dientes de ajo
- 1 tomate picado
- Caldo de verduras
- Sal, pimienta y comino

Instrucciones:

1. Sofríe ajo y cebolla.
2. Añade tomate, alubias y caldo.
3. Cocina 30 minutos a fuego medio.
4. Salpimienta y sirve.

www.ingramcontent.com/pod-product-compliance
Lightning Source LLC
LaVergne TN
LVHW081327060526
838201LV00055B/2501